KB200390

마음에 감사의 기념비를 세우고

하나님과 사람들에게 감사의 마음을 가지면

그 혜택은 나 자신에게 돌아온다.

내 안의 감사가 나를 행복하게 만들기 때문이다.

나의 _____ 번째 감사 기록

Date _____ . _____ . ~ _____ . _____ .

Name _____

153
감사노트

내 삶을 변화시키는 하나님의 선물,
100일간의 감사 기록

이찬수 지음

규장

선행하는 감사의 능력

오프라 윈프리는 미국에서 가장 영향력 있는 인물 중 한 사람이지만, 그의 유년 시절은 암울함 그 자체였다. 온갖 고초를 다 겪은 그가 끝내 좌절하지 않고 우뚝 설 수 있었던 비결에 대해 여러 분석이 있지만, 나는 그가 남긴 이 한 마디 안에 그 비결이 다 담겨 있다고 생각한다.

"나는 '고맙습니다. 나는 진실로 복 받은 사람입니다'라고 말하지 않고 지나간 날이 단 하루도 없다."

오프라 윈프리의 이 고백이 유난히 내 마음에 와닿는 이유는, 나의 지나온 삶 역시 힘든 고비를 이겨낼 수 있었던 비결이 감사이기 때문이다.

나는 '선행하는 감사'를 위해 몸부림쳤다. 모든 역경을 다 이겨낸 후에 하는 감사도 귀하지만 고난의 한가운데서 드리는 '선행하는 감사'가 내 삶의 능력이었다.

이제 나의 남은 목회는 '감사목회'가 될 것이다. 감사의 능력을 전하는 것이 한국교회가 살 수 있는 비결 중 하나라고 확신하기 때문이다.

누군가 말했다.

"감사할 게 없다고요? 참기름 짜듯이 쥐어짜보세요. 생각지도 못한 감사한 일들이 떠오를 겁니다."

그 훈련을 위해서 《153 감사노트》를 만들었다. 이 감사노트가 한 인생을 바꾸어놓는 기적의 도구가 되기를 기도한다.

십계명의 원리처럼, 먼저 창조주 하나님께서 주신 은혜에 감사하고, 그리고 그 하나님께서 주신 일상에 감사하는 우리가 되기를 바란다.

"별빛에 감사하는 자에게 달빛을 주시고, 달빛에 감사하는 자에게 햇빛을 주시고, 햇빛에 감사하는 자에게 영원히 지지 않는 주님의 은혜의 빛을 주신다." _찰스 스펄전

이찬수

"항상 기뻐하라 쉬지 말고 기도하라 범사에 감사하라 이것이 그리스도 예수 안에서 너희를 향하신 하나님의 뜻이니라" 살전 5:16-18

하나님의 뜻은 일상적이고 평범한 우리의 삶과 밀접한 관련이 있습니다. 우리의 일상에서 항상 기뻐하는 것, 쉬지 말고 기도하는 것, 범사에 감사하는 것이 우리를 향해 품으신 하나님의 뜻입니다. 하나님은 감사의 영역을 '범사'(凡事) 즉 모든 일이라고 말씀하십니다. 사실 모든 상황에서 감사하는 것은 쉽지 않습니다. 그러나 이것이 "그리스도 예수 안에서 우리를 향하신 하나님의 뜻"이라고 성경은 분명히 전하고 있습니다.

153 감사는 하나님의 뜻을 이루어가는 삶의 태도입니다.

> 1 ✓ 하루에 1번 하나님 말씀 묵상하기
> 5 ✓ 하루에 5가지 감사제목 적기
> 3 ✓ 하루에 3번 감사 표현하기

감사는 말씀과 함께 이루어져야 합니다. 그리고 그 감사는 표현되어야 합니다. 153 감사를 통해 요한복음 21장에서 제자들이 누렸던 물고기 153마리의 기적과 같은 풍성한 은혜가 우리 삶에 펼쳐질 것입니다.

'감사'에 대한 짧은 말씀, 글을 통해 '감사'를 생각해보세요.

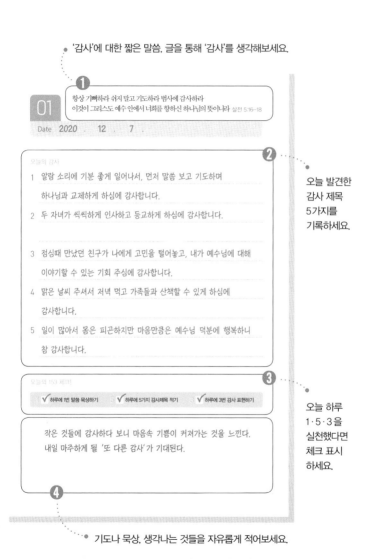

01

항상 기뻐하라 쉬지 말고 기도하라 범사에 감사하라
이것이 그리스도 예수 안에서 너희를 향하신 하나님의 뜻이니라 살전 5:16-18

Date 2020 . 12 . 7 .

오늘의 감사

1 알람 소리에 기분 좋게 일어나서, 먼저 말씀 보고 기도하며

   하나님과 교제하게 하심에 감사합니다.

2 두 자녀가 씩씩하게 인사하고 등교하게 하심에 감사합니다.

3 점심때 만났던 친구가 나에게 고민을 털어놓고, 내가 예수님에 대해

   이야기할 수 있는 기회 주심에 감사합니다.

4 맑은 날씨 주셔서 저녁 먹고 가족들과 산책할 수 있게 하심에

   감사합니다.

5 일이 많아서 몸은 피곤하지만 마음만큼은 예수님 덕분에 행복하니

   참 감사합니다.

오늘의 153 체크!

☑ 하루에 1번 말씀 묵상하기   ☑ 하루에 5가지 감사제목 적기   ☑ 하루에 3번 감사 표현하기

작은 것들에 감사하다 보니 마음속 기쁨이 커져가는 것을 느낀다.
내일 마주하게 될 '또 다른 감사'가 기대된다.

오늘 발견한
감사 제목
5가지를
기록하세요.

오늘 하루
1·5·3을
실천했다면
체크 표시
하세요.

기도나 묵상, 생각나는 것들을 자유롭게 적어보세요.

153

감사노트

소망

01

항상 기뻐하라 쉬지 말고 기도하라 범사에 감사하라
이것이 그리스도 예수 안에서 너희를 향하신 하나님의 뜻이니라 살전 5:16-18

Date   .   .   .

오늘의 감사

1

2

3

4

5

오늘의 153 체크!

| 1 | 하루에 1번 말씀 묵상하기 | 5 | 하루에 5가지 감사제목 적기 | 3 | 하루에 3번 감사 표현하기 |

하나님께서 지으신 모든 것이 선하매 감사함으로 받으면
버릴 것이 없나니 하나님의 말씀과 기도로 거룩하여짐이라 딤전 4:4,5

Date   .   .   .

오늘의 감사

1

2

3

4

5

오늘의 153 체크!

하루에 1번 말씀 묵상하기	하루에 5가지 감사제목 적기	하루에 3번 감사 표현하기

03 환경이 답답하고 감사가 나오지 않고 원망과 불평이 나올 때
당겨서 감사해보라. 오늘 드린 감사가 내일의 삶에 능력이 될 것이다.

Date   .   .   .

오늘의 감사

1 ....
  ....

2 ....
  ....

3 ....
  ....

4 ....
  ....

5 ....
  ....

오늘의 153 체크!

1 ☐ 하루에 1번 말씀 묵상하기	5 ☐ 하루에 5가지 감사제목 적기	3 ☐ 하루에 3번 감사 표현하기

감사는 훈련이다. 수많은 연단을 거치고 수많은 아픔을 거치고
넘어지고 깨지면서 습득되는 것이 감사이다.

Date   .   .   .

오늘의 감사

1 ....

  ....

2 ....

  ....

3 ....

  ....

4 ....

  ....

5 ....

  ....

오늘의 153 체크!

| 1 하루에 1번 말씀 묵상하기 | 5 하루에 5가지 감사제목 적기 | 3 하루에 3번 감사 표현하기 |

05

우리가 너희를 위하여 기도할 때마다
하나님 곧 우리 주 예수 그리스도의 아버지께 감사하노라 골 1:3

Date   .   .   .

오늘의 감사

1

2

3

4

5

오늘의 153 체크!

| 1 | 하루에 1번 말씀 묵상하기 | 5 | 하루에 5가지 감사제목 적기 | 3 | 하루에 3번 감사 표현하기 |

내가 여호와를 항상 송축함이여 내 입술로 항상 주를 찬양하리이다
시 34:1

Date　　　.　　　.　　　.

오늘의 감사

1 ....
....

2 ....
....

3 ....
....

4 ....
....

5 ....
....

오늘의 153 체크!

| 하루에 1번 말씀 묵상하기 | 하루에 5가지 감사제목 적기 | 하루에 3번 감사 표현하기 |

07 객관적으로 풍요로운 것이 많아서 감사하는 것이 아니라,
어려운 가운데서도 감사를 선택했기 때문에 감사할 수 있는 것이다.

Date   .   .   .

오늘의 감사

1

2

3

4

5

오늘의 153 체크!

1 ☐ 하루에 1번 말씀 묵상하기   5 ☐ 하루에 5가지 감사제목 적기   3 ☐ 하루에 3번 감사 표현하기

감사는 성향이고, 태도다.

날마다 상황과 환경을 바라보는

우리의 태도와 성향을 고치기 위해

노력하는 몸부림이 있을 때,

그 노력과 몸부림 속에서 우리는

고상한 삶을 살게 될 것이다.

그리스도 예수 안에서 너희에게 주신 하나님의 은혜로 말미암아
내가 너희를 위하여 항상 하나님께 감사하노니 고전 1:4

Date   ·   ·   ·

오늘의 감사

1

2

3

4

5

오늘의 153 체크!

| 1 | 하루에 1번 말씀 묵상하기 | 5 | 하루에 5가지 감사제목 적기 | 3 | 하루에 3번 감사 표현하기 |

하나님이여 우리가 주께 감사하고 감사함은 주의 이름이 가까움이라
사람들이 주의 기이한 일들을 전파하나이다 시 75:1

Date   .   .   .

오늘의 감사

1

2

3

4

5

오늘의 153 체크!

| 1 하루에 1번 말씀 묵상하기 | 5 하루에 5가지 감사제목 적기 | 3 하루에 3번 감사 표현하기 |

10

감정을 방치하면 안 된다. 몸부림치며 싸워야 한다.
내 본능에 맡기면 안 된다. 감사는 훈련을 통해서 얻어지기 때문이다.

Date . . .

오늘의 감사

1

2

3

4

5

오늘의 153 체크!

	하루에 1번 말씀 묵상하기	5	하루에 5가지 감사제목 적기	3	하루에 3번 감사 표현하기

우리가 감사함으로 그 앞에 나아가며
시를 지어 즐거이 그를 노래하자 시 95:2

11

Date

오늘의 감사

1

2

3

4

5

오늘의 153 체크!

하루에 1번 말씀 묵상하기　　하루에 5가지 감사제목 적기　　하루에 3번 감사 표현하기

내가 너희를 생각할 때마다 나의 하나님께 감사하며 간구할 때마다
너희 무리를 위하여 기쁨으로 항상 간구함은 빌 1:3,4

Date · · ·

오늘의 감사

1

2

3

4

5

오늘의 153 체크!

| 1 | 하루에 1번 말씀 묵상하기 | 5 | 하루에 5가지 감사제목 적기 | 3 | 하루에 3번 감사 표현하기 |

만약 감사일기를 쓰기 시작할 때 쓸 거리가 생각나지 않는다면,
참기름 짜듯이 쥐어짜보라. 생각지도 못했던 감사한 일이 떠오를 것이다.

Date   .   .   .

오늘의 감사

1 ....

....

2 ....

....

3 ....

....

4 ....

....

5 ....

....

오늘의 153 체크!

| 하루에 1번 말씀 묵상하기 | 하루에 5가지 감사제목 적기 | 하루에 3번 감사 표현하기 |

14

나는 감사하는 목소리로 주께 제사를 드리며 나의 서원을
주께 갚겠나이다 구원은 여호와께 속하였나이다 하니라 욘 2:9

Date   .   .   .

오늘의 감사

1

2

3

4

5

오늘의 153 체크!

| 1 | 하루에 1번 말씀 묵상하기 | 5 | 하루에 5가지 감사제목 적기 | 3 | 하루에 3번 감사 표현하기 |

감사하는 것도 중요하지만,

무엇에 감사할 것인지 살펴보는 것도 필요하다.

특히 사람으로 인한 감사가 있어야겠다 싶었다.

지난 삶을 한번 되돌아보라.

하나님께서 우리의 필요를 위해 얼마나 많은 사람을 붙여주셨는가?

나만 해도 그렇다. 내가 늘 감사하는 것은

내 주변에 신실한 동역자들이 정말 많다는 것이다.

어느 때는 목이 멜 지경이다.

사업이 잘되어서 감사하고 건강이 회복되어서도 감사하지만,

우리가 드리는 감사의 맨 위에

좋은 사람을 붙여주신 것에 대한 감사가 있었으면 좋겠다.

좋은 배우자 주신 것, 좋은 교회에서 좋은 만남을 허락해주신 것,

하나님이 우리에게 허락하신 사람에 대한 감사가

풍성하게 넘쳐나기를 바란다.

15

아무것도 염려하지 말고 다만 모든 일에 기도와 간구로,
너희 구할 것을 감사함으로 하나님께 아뢰라 빌 4:6

Date   .   .   .

오늘의 감사

1

2

3

4

5

오늘의 153 체크!

| 1 | 하루에 1번 말씀 묵상하기 | 5 | 하루에 5가지 감사제목 적기 | 3 | 하루에 3번 감사 표현하기 |

너희는 여호와께 감사하며 그의 이름을 불러 아뢰며 그가 행하신 일을
만민 중에 알릴지어다 대상 16:8

16

Date   .   .   .

오늘의 감사

1

2

3

4

5

오늘의 153 체크!

하루에 1번 말씀 묵상하기   하루에 5가지 감사제목 적기   하루에 3번 감사 표현하기

17

나에게는 너무나 많은 것이 주어졌다. 그렇기 때문에 나에게
어떤 것들이 없는지 생각하며 머뭇거릴 시간이 없다. 헬렌 켈러

오늘의 감사

1

2

3

4

5

오늘의 153 체크!

| 1 | 하루에 1번 말씀 묵상하기 | 5 | 하루에 5가지 감사제목 적기 | 3 | 하루에 3번 감사 표현하기 |

행복할 조건이 주어져서 감사한 것이 아니라 어떤 상황에서라도
감사할 거리를 찾아낼 수 있는 능력이 있음을 감사하라.

18

Date   .   .   .

오늘의 감사

1

2

3

4

5

오늘의 153 체크!

| 하루에 1번 말씀 묵상하기 | 하루에 5가지 감사제목 적기 | 하루에 3번 감사 표현하기 |

19

여호와께 감사하라 그는 선하시며 그 인자하심이 영원함이로다

시 136:1

Date . . .

오늘의 감사

1

2

3

4

5

오늘의 153 체크!

1 ☐ 하루에 1번 말씀 묵상하기   5 ☐ 하루에 5가지 감사제목 적기   3 ☐ 하루에 3번 감사 표현하기

내가 입으로 여호와께 크게 감사하며 많은 사람 중에서 찬송하리니
시 109:30

Date   .   .   .

오늘의 감사

1

2

3

4

5

오늘의 153 체크!

하루에 1번 말씀 묵상하기   하루에 5가지 감사제목 적기   하루에 3번 감사 표현하기

21

주의 성도들아 여호와를 찬송하며 그의 거룩함을 기억하며 감사하라
시 30:4

Date   .   .   .

오늘의 감사

1 ....

....

2 ....

....

3 ....

....

4 ....

....

5 ....

....

오늘의 153 체크!

| 1 ☐ 하루에 1번 말씀 묵상하기 | 5 ☐ 하루에 5가지 감사제목 적기 | 3 ☐ 하루에 3번 감사 표현하기 |

감사는 결단만 한다고 되는 것이 아니다.

습관을 만들어야 한다.

감사가 생활방식이 될 때까지 지속적으로 몸부림쳐야 한다.

내 인생에서 감사의 길이 만들어질 때까지

계속 그 길을 걸어야 한다.

죄성을 가진 우리는 불평불만의 길을 너무 많이 만든다.

아무 생각 없이 자연스럽게 나오는 것이 불평이요 불만이다.

하지만 이것은 하나님이 바라시는 생활방식이 아니다.

우리가 변화 받은 그리스도인이라면

반드시 감사의 길을 만들어야 한다.

습관적으로 이것을 만들어내야 한다.

불평불만의 길이 온 나라를 뒤덮고 있는 상황에서,

우리는 감사를 결단하고 감사의 길을 만들기 위해,

감사의 습관을 만들어내기 위해 노력해야 한다.

22

내가 기도할 때에 기억하며 너희로 말미암아 감사하기를
그치지 아니하고 엡 1:16

Date   .   .   .

오늘의 감사

1

2

3

4

5

오늘의 153 체크!

| 1 하루에 1번 말씀 묵상하기 | 5 하루에 5가지 감사제목 적기 | 3 하루에 3번 감사 표현하기 |

여호와 우리 주여 주의 이름이 온 땅에 어찌 그리 아름다운지요
주의 영광이 하늘을 덮었나이다 시 8:1

Date   .   .   .

오늘의 감사

1

2

3

4

5

오늘의 153 체크!

| 하루에 1번 말씀 묵상하기 | 하루에 5가지 감사제목 적기 | 하루에 3번 감사 표현하기 |

24

인간의 미련함이란, 그것을 누리고 있을 때는 그 가치를 모른다는 것이다. 우리가 지금 놓치고 있는 현실의 감사가 얼마나 많겠는가?

Date . . .

오늘의 감사

1

2

3

4

5

오늘의 153 체크!

| 1 | 하루에 1번 말씀 묵상하기 | 5 | 하루에 5가지 감사제목 적기 | 3 | 하루에 3번 감사 표현하기 |

호의를 베풀지 않는 것도 나쁜 태도이지만,
호의를 베풀 때 그것을 감사함으로 받지 못하는 것도 나쁜 태도이다.

Date   .   .   .

오늘의 감사

1

2

3

4

5

오늘의 153 체크!

| 하루에 1번 말씀 묵상하기 | 하루에 5가지 감사제목 적기 | 하루에 3번 감사 표현하기 |

오늘의 감사

1

2

3

4

5

오늘의 153 체크!

| 1 | 하루에 1번 말씀 묵상하기 | 5 | 하루에 5가지 감사제목 적기 | 3 | 하루에 3번 감사 표현하기 |

그 안에 뿌리를 박으며 세움을 받아 교훈을 받은 대로
믿음에 굳게 서서 감사함을 넘치게 하라 골 2:7

Date   .   .   .

오늘의 감사

1

2

3

4

5

오늘의 153 체크!

| 하루에 1번 말씀 묵상하기 | 하루에 5가지 감사제목 적기 | 하루에 3번 감사 표현하기 |

28

내가 궁핍하므로 말하는 것이 아니니라 어떠한 형편에든지
나는 자족하기를 배웠노니 빌 4:11

Date   .   .   .   .

오늘의 감사

1

2

3

4

5

오늘의 153 체크!

| | 하루에 1번 말씀 묵상하기 | 5 | 하루에 5가지 감사제목 적기 | 3 | 하루에 3번 감사 표현하기 |

헤르만 헤세는 말했다.

"행복은 대상이 아니라 재능이다."

사람들은 보통 어떤 조건이나 어떤 대상이

나를 행복하게 해준다고 생각하지만, 그렇지 않다는 것이다.

그보다는 어떤 어려움이나 난관 속에서도

행복을 선택할 수 있는 능력을

헤르만 헤세는 '재능'이라고 표현했다.

우리는 조건을 생각한다.

그 조건이 충족될 때 감사할 수 있다고 생각한다.

그러나 하나님은 우리가 가지고 있는

행복의 대상이나 조건이 문제가 아니라,

그 대상과 조건을 넘어서는

어려움 가운데에서도 행복을 가려내고 쟁취해내는

재능이 필요하다고 말씀하신다.

29

감사로 제사를 드리는 자가 나를 영화롭게 하나니
그의 행위를 옳게 하는 자에게 내가 하나님의 구원을 보이리라 시 50:23

Date . . .

오늘의 감사

1

2

3

4

5

오늘의 153 체크!

| | 하루에 1번 말씀 묵상하기 | 5 | 하루에 5가지 감사제목 적기 | 3 | 하루에 3번 감사 표현하기 |

실력은 위기가 올 때 나타난다. 인생의 어려움이 찾아올 때
그 어려움을 어떻게 대하느냐가 그 사람의 영적 실력이다.

오늘의 감사

1

2

3

4

5

오늘의 153 체크!

| 하루에 1번 말씀 묵상하기 | 하루에 5가지 감사제목 적기 | 하루에 3번 감사 표현하기 |

31

의인이여 너희는 여호와로 말미암아 기뻐하며
그의 거룩한 이름에 감사할지어다 시 97:12

오늘의 감사

1 ....

....

2 ....

....

3 ....

....

4 ....

....

5 ....

....

오늘의 153 체크!

| 1 | 하루에 1번 말씀 묵상하기 | 5 | 하루에 5가지 감사제목 적기 | 3 | 하루에 3번 감사 표현하기 |

감사가 넘치기 위해 요구되는 가장 중요한 전제는
그리스도의 말씀이 우리 속에 풍성히 거하는 것이다.

Date   .   .   .

오늘의 감사

1

2

3

4

5

오늘의 153 체크!

| 1 하루에 1번 말씀 묵상하기 | 5 하루에 5가지 감사제목 적기 | 3 하루에 3번 감사 표현하기 |

33

우리 주 예수 그리스도로 말미암아 우리에게 승리를 주시는
하나님께 감사하노니 고전 15:57

Date   .   .   .

오늘의 감사

1

2

3

4

5

오늘의 153 체크!

| 1 | 하루에 1번 말씀 묵상하기 | 5 | 하루에 5가지 감사제목 적기 | 3 | 하루에 3번 감사 표현하기 |

하나님께 감사의 고백을 드리는 것은
하나님을 인정해드리는 것이며, 그것을 말로 선포하는 것이다.

Date   .   .   .

오늘의 감사

1

2

3

4

5

오늘의 153 체크!

| 하루에 1번 말씀 묵상하기 | 하루에 5가지 감사제목 적기 | 하루에 3번 감사 표현하기 |

35

우리가 종일 하나님을 자랑하였나이다
우리는 하나님의 이름에 영원히 감사하리이다 시 44:8

Date   .   .   .

오늘의 감사

1

2

3

4

5

오늘의 153 체크!

1 ☐ 하루에 1번 말씀 묵상하기   5 ☐ 하루에 5가지 감사제목 적기   3 ☐ 하루에 3번 감사 표현하기

감사는 선택이다.

객관적으로 풍요로운 것이 많아서 감사하는 것이 아니라,

어려운 가운데에서도 감사를 선택했기 때문에

감사할 수 있는 것이다.

그리고 감사를 택했기 때문에 행복한 것이다.

다니엘은 뜻을 정하여 왕의 음식과 그가 마시는 포도주로

자기를 더럽히지 아니하리라 하고 단 1:8

다니엘은 어떤 상황이 주어지든

그것에 끌려다니지 않기로 결정했기 때문에

환경에 물들지 않는 깨끗한 삶을 살 수 있었고,

감사의 삶을 살 수 있었다.

우리도 이 원리를 배워서

다니엘처럼 환경을 탓하지 않고 감사를 선택할 줄 아는

능력자들이 되기를 바란다.

36

여호와여 주께서 지으신 모든 것들이 주께 감사하며
주의 성도들이 주를 송축하리이다 시 145:10

오늘의 감사

1

2

3

4

5

오늘의 153 체크!

| 1 | 하루에 1번 말씀 묵상하기 | 5 | 하루에 5가지 감사제목 적기 | 3 | 하루에 3번 감사 표현하기 |

날마다 우리 짐을 지시는 주 곧 우리의 구원이신 하나님을 찬송할지로다
시 68:19

Date   .   .   .

오늘의 감사

1

2

3

4

5

오늘의 153 체크!

| 1 | 하루에 1번 말씀 묵상하기 | 5 | 하루에 5가지 감사제목 적기 | 3 | 하루에 3번 감사 표현하기 |

38

불평불만의 길이 온 나라를 뒤덮고 있는 상황에서,
우리는 감사를 결단하고 감사의 길을 만들기 위해 노력해야 한다.

Date   .   .   .

오늘의 감사

1 ....
  ....

2 ....
  ....

3 ....
  ....

4 ....
  ....

5 ....
  ....

오늘의 153 체크!

| 1 | 하루에 1번 말씀 묵상하기 | 5 | 하루에 5가지 감사제목 적기 | 3 | 하루에 3번 감사 표현하기 |

때로는 군인이 명령에 순종하듯 단순한 마음으로
감사의 삶을 결단해야 한다.

39

Date   .   .   .

오늘의 감사

1

2

3

4

5

오늘의 153 체크!

하루에 1번 말씀 묵상하기   하루에 5가지 감사제목 적기   하루에 3번 감사 표현하기

40

할렐루야, 내가 정직한 자들의 모임과 회중 가운데에서
전심으로 여호와께 감사하리로다 시 111:1

Date   .   .   .

오늘의 감사

1

2

3

4

5

오늘의 153 체크!

| 1 | 하루에 1번 말씀 묵상하기 | 5 | 하루에 5가지 감사제목 적기 | 3 | 하루에 3번 감사 표현하기 |

오늘 우리 시대는 감사를 잃어버린 시대이다.
그렇기 때문에 더욱 감사를 회복해야 한다.

Date   .   .   .

오늘의 감사

1

2

3

4

5

오늘의 153 체크!

| 하루에 1번 말씀 묵상하기 | 하루에 5가지 감사제목 적기 | 하루에 3번 감사 표현하기 |

오늘의 감사

1

2

3

4

5

오늘의 153 체크!

| 1 | 하루에 1번 말씀 묵상하기 | 5 | 하루에 5가지 감사제목 적기 | 3 | 하루에 3번 감사 표현하기 |

감사는 훈련이다.

수많은 연단을 거치고, 수많은 아픔을 거치고

넘어지고 깨지면서 습득되는 것이 감사이다.

나는 모두가 할 수만 있으면 평탄한 인생을 살기 바란다.

그러나 하나님께서 감사훈련학교에 입학시키실 때가 있다.

그럴 때 눈물을 삼키고

감사를 선택하는 능력을 구비할 수 있기를 바란다.

내가 궁핍하므로 말하는 것이 아니니라

어떠한 형편에든지 나는 자족하기를 배웠노니 빌 4:11

바울의 말처럼 자족은 배우는 것이다.

타고나는 게 아니다. 자족은 훈련하는 것이다.

나는 우리에게 다가오는 여러 가지 현실적인 아픔과 어려움이

자족을 배우는 도구로 사용되기를 바란다.

43

내가 주께 감사제를 드리고 여호와의 이름을 부르리이다
시 116:17

Date   .   .   .

오늘의 감사

1

2

3

4

5

오늘의 153 체크!

| 1 ☐ 하루에 1번 말씀 묵상하기 | 5 ☐ 하루에 5가지 감사제목 적기 | 3 ☐ 하루에 3번 감사 표현하기 |

범사에 감사하라 이것이 그리스도 예수 안에서
너희를 향하신 하나님의 뜻이니라 살전 5:18

44

Date   .   .   .

오늘의 감사

1

2

3

4

5

오늘의 153 체크!

| 하루에 1번 말씀 묵상하기 | 하루에 5가지 감사제목 적기 | 하루에 3번 감사 표현하기 |

45

감사는 조건이 아니라 마음의 상태에서 나온다.

Date . . .

오늘의 감사

1 ....
....

2 ....
....

3 ....
....

4 ....
....

5 ....
....

오늘의 153 체크!

| 1 | 하루에 1번 말씀 묵상하기 | 5 | 하루에 5가지 감사제목 적기 | 3 | 하루에 3번 감사 표현하기 |

감사할 수 있는 상황이 감사를 낳는 것이 아니라
감사하기로 결단했기 때문에 감사할 수 있다는 것이다.

Date · · ·

오늘의 감사

1

2

3

4

5

오늘의 153 체크!

| 하루에 1번 말씀 묵상하기 | 하루에 5가지 감사제목 적기 | 하루에 3번 감사 표현하기 |

47

감사의 소리를 들려주고
주의 기이한 모든 일을 말하리이다 시 26:7

Date   .   .   .

오늘의 감사

1

2

3

4

5

오늘의 153 체크!

1	하루에 1번 말씀 묵상하기	5	하루에 5가지 감사제목 적기	3	하루에 3번 감사 표현하기

머릿속에서 작동되는 감사를 내 입술로 표현하는 것까지가
하나님이 원하시는 감사이다.

48

오늘의 감사

1

2

3

4

5

오늘의 153 체크!

1 하루에 1번 말씀 묵상하기	5 하루에 5가지 감사제목 적기	3 하루에 3번 감사 표현하기

49

내게 의의 문들을 열지어다
내가 그리로 들어가서 여호와께 감사하리로다 시 118:19

Date   .   .   .

오늘의 감사

1

2

3

4

5

오늘의 153 체크!

1 ☐ 하루에 1번 말씀 묵상하기	5 ☐ 하루에 5가지 감사제목 적기	3 ☐ 하루에 3번 감사 표현하기

엿새 내내 세상에서 어둡고 우울하게 지내며

겨우겨우 버티며 살다가도,

주일에 모여 기쁨에 겨워 함께 춤을 추고 감격할 수 있는

공동체가 있다는 것은 얼마나 감사한 일인가?

세상은 점점 더 복잡해질 것이다.

우리 마음을 아프게 하는 일들은

점점 더 많아질 것이다.

세상이 달라지면 행복해질 것이라는 기대는 버리자.

대신에 세상이 어떻든 관계없이

나는 주님 안에서 기쁨을 회복하겠다고 다짐하자.

기쁨과 행복은 주님 안에서 내가 만들어가는 것이다.

50

우리가 우리 하나님 앞에서 너희로 말미암아 모든 기쁨으로 기뻐하니
너희를 위하여 능히 어떠한 감사로 하나님께 보답할까 살전 3:9

Date   .   .   .

오늘의 감사

1 ....

....

2 ....

....

3 ....

....

4 ....

....

5 ....

....

오늘의 153 체크!

1 ☐ 하루에 1번 말씀 묵상하기   5 ☐ 하루에 5가지 감사제목 적기   3 ☐ 하루에 3번 감사 표현하기

내가 주의 의로운 규례들로 말미암아 밤중에 일어나
주께 감사하리이다 시 119:62

Date   .   .   .

오늘의 감사

1 ....

....

2 ....

....

3 ....

....

4 ....

....

5 ....

....

오늘의 153 체크!

| 하루에 1번 말씀 묵상하기 | 하루에 5가지 감사제목 적기 | 하루에 3번 감사 표현하기 |

오늘의 감사

1

2

3

4

5

오늘의 153 체크!

| 1 | 하루에 1번 말씀 묵상하기 | 5 | 하루에 5가지 감사제목 적기 | 3 | 하루에 3번 감사 표현하기 |

감사하는 마음을 갖고 그것을 표현하는 것은
영혼을 치유하고 건강하게 만든다. 토저

Date . . .

오늘의 감사

1

2

3

4

5

오늘의 153 체크!

| 하루에 1번 말씀 묵상하기 | 하루에 5가지 감사제목 적기 | 하루에 3번 감사 표현하기 |

오늘의 감사

1 ....

  ....

2 ....

  ....

3 ....

  ....

4 ....

  ....

5 ....

  ....

오늘의 153 체크!

| 1 | 하루에 1번 말씀 묵상하기 | 5 | 하루에 5가지 감사제목 적기 | 3 | 하루에 3번 감사 표현하기 |

여호와여 내가 만민 중에서 주께 감사하고
뭇 나라 중에서 주를 찬양하오리니 시 108:3

Date   .   .   .

오늘의 감사

1 ....
  ....

2 ....
  ....

3 ....
  ....

4 ....
  ....

5 ....
  ....

오늘의 153 체크!

| 하루에 1번 말씀 묵상하기 | 하루에 5가지 감사제목 적기 | 하루에 3번 감사 표현하기 |

56

마음에 감사의 기념비를 세우고 하나님과 사람들에게
감사하는 마음을 가지면 그 혜택은 나 자신이 받는다.

Date . . . .

오늘의 감사

1

2

3

4

5

오늘의 153 체크!

| 1 | 하루에 1번 말씀 묵상하기 | 5 | 하루에 5가지 감사제목 적기 | 3 | 하루에 3번 감사 표현하기 |

여호와 우리 주여
주의 이름이 온 땅에 어찌 그리 아름다운지요
주의 영광이 하늘을 덮었나이다 시 8:1

등산을 하다가 나무 한 그루를 보면서
거기에 하나님의 솜씨가 느껴져서 감탄해본 적이 있는가?
그 나무 한 그루 때문에 가슴이 뛰어본 적이 있는가?
나는 등산을 좋아한다.
이름 모를 나지막한 나무 한 그루, 들풀 하나.
등산을 하다가 서서 한참을 들여다보면서 감격하고,
설교의 영감을 얻은 적이 여러 번 있었다.
길을 가다가 어느 공원 한구석에서
1센티미터 정도밖에 안 되는 생명을 발견하고
가슴이 뛰었던 순간이 지금도 잊히지 않는다.
우리는 이런 감탄을 회복해야 한다.

57

항상 우리를 그리스도 안에서 이기게 하시고 우리로 말미암아 각처에서
그리스도를 아는 냄새를 나타내시는 하나님께 감사하노라 고후 2:14

Date . . .

오늘의 감사

1

2

3

4

5

오늘의 153 체크!

| 1 | 하루에 1번 말씀 묵상하기 | 5 | 하루에 5가지 감사제목 적기 | 3 | 하루에 3번 감사 표현하기 |

우리로 하여금 빛 가운데서 성도의 기업의 부분을 얻기에
합당하게 하신 아버지께 감사하게 하시기를 원하노라 골 1:12

Date   .   .   .

오늘의 감사

1

2

3

4

5

오늘의 153 체크!

| 하루에 1번 말씀 묵상하기 | 하루에 5가지 감사제목 적기 | 하루에 3번 감사 표현하기 |

오늘의 감사

1

2

3

4

5

오늘의 153 체크!

| 1 | 하루에 1번 말씀 묵상하기 | 5 | 하루에 5가지 감사제목 적기 | 3 | 하루에 3번 감사 표현하기 |

누추함과 어리석은 말이나 희롱의 말이 마땅치 아니하니
오히려 감사하는 말을 하라 엡 5:4

Date   ·   ·   ·

오늘의 감사

1 ....

2 ....

3 ....

4 ....

5 ....

오늘의 153 체크!

| | 하루에 1번 말씀 묵상하기 | | 하루에 5가지 감사제목 적기 | | 하루에 3번 감사 표현하기 |

61

어려운 상황 속에서도 여전히 하나님을 신뢰하고 있다는
의지의 표현이 감사이다.

Date   .   .   .

오늘의 감사

1

2

3

4

5

오늘의 153 체크!

| 1 | 하루에 1번 말씀 묵상하기 | 5 | 하루에 5가지 감사제목 적기 | 3 | 하루에 3번 감사 표현하기 |

감사는 아무리 많이 해도 지나치지 않다. 지혜로우신 하늘의 아버지는
우리가 받은 은사에 대해 감사할 때 비로소 다른 은사를 내려주신다. 토저

Date   .   .   .

오늘의 감사

1

2

3

4

5

오늘의 153 체크!

| 하루에 1번 말씀 묵상하기 | 하루에 5가지 감사제목 적기 | 하루에 3번 감사 표현하기 |

63

주께서 이를 행하셨으므로 내가 영원히 주께 감사하고 주의 이름이
선하시므로 주의 성도 앞에서 내가 주의 이름을 사모하리이다 시 52:9

Date   .   .   .

오늘의 감사

1

2

3

4

5

오늘의 153 체크!

감탄과 감사의 차이는 무엇일까?

사전에는 '감탄'은 '마음속 깊이 느끼어 탄복함'이라고 되어 있다.

즉 감탄은 내 안에서 우러나오는 것이고,

그것을 상대방에게 표현하는 것이 감사이다.

한자로 '감사'(感謝)는 '느낄 감'(感), '사례할 사'(謝)로 되어 있다.

또한 '사'(謝)는 '말씀 언'(言)과 '쏠 사'(射)가

합쳐져서 만들어진 글자이다.

즉, 속으로 기쁜 것, 속으로 느끼는 것은 감사가 아니다.

양궁에서 활을 쏘듯이 '말'을 쏠 때 감사가 일어나는 것이다.

윌리엄 아서 워드는 이런 말을 했다.

"감사를 느끼지만 표현하지 않는 것은

선물을 포장해놓고 주지 않는 것과 같다."

선물을 주지 않고 포장만 해놓으면 무슨 소용이 있겠는가?

감사는 표현하지 않으면 잃어버리게 된다.

그러므로 작은 것일지라도 우리 안의 감탄을

감사로 쏘아낼 수 있기를 바란다.

64

또 무엇을 하든지 말에나 일에나 다 주 예수의 이름으로 하고
그를 힘입어 하나님 아버지께 감사하라 골 3:17

Date   .   .   .

오늘의 감사

1

2

3

4

5

오늘의 153 체크!

| 1 | 하루에 1번 말씀 묵상하기 | 5 | 하루에 5가지 감사제목 적기 | 3 | 하루에 3번 감사 표현하기 |

찬양으로 화답하며 여호와께 감사하여 이르되
주는 지극히 선하시므로 그의 인자하심이 이스라엘에게 영원하시도다 스 3:11

Date   .   .   .

오늘의 감사

1

2

3

4

5

오늘의 153 체크!

| 하루에 1번 말씀 묵상하기 | 하루에 5가지 감사제목 적기 | 하루에 3번 감사 표현하기 |

66

감사가 없는 사람, 감사할 조건이 있을 때만 감사하는 사람,
환경을 초월하여 감사하는 사람, 당신은 이 세 부류 중에 어떤 사람인가?

Date   .   .   .

오늘의 감사

1 ....
....

2 ....
....

3 ....
....

4 ....
....

5 ....
....

오늘의 153 체크!

| 1 | 하루에 1번 말씀 묵상하기 | 5 | 하루에 5가지 감사제목 적기 | 3 | 하루에 3번 감사 표현하기 |

환경을 초월하는 능력,
이것이 깊은 감사를 누리는 사람들이 받는 혜택 중의 혜택이다.

오늘의 감사

1

2

3

4

5

오늘의 153 체크!

하루에 1번 말씀 묵상하기	하루에 5가지 감사제목 적기	하루에 3번 감사 표현하기

68

먼저 내가 예수 그리스도로 말미암아 너희 모든 사람에 관하여
내 하나님께 감사함은 너희 믿음이 온 세상에 전파됨이로다 롬 1:8

Date   .   .   .

오늘의 감사

1 ....

....

2 ....

....

3 ....

....

4 ....

....

5 ....

....

오늘의 153 체크!

| 1 | 하루에 1번 말씀 묵상하기 | 5 | 하루에 5가지 감사제목 적기 | 3 | 하루에 3번 감사 표현하기 |

감사는 우리의 영적인 상태를 점검하는 잣대가 된다.

Date   .   .   .

오늘의 감사

1

2

3

4

5

오늘의 153 체크!

하루에 1번 말씀 묵상하기   하루에 5가지 감사제목 적기   하루에 3번 감사 표현하기

다니엘이 이 조서에 왕의 도장이 찍힌 것을 알고도 … 전에 하던 대로 하루 세 번씩 무릎을 꿇고 기도하며 그의 하나님께 감사하였더라 단 6:10

오늘의 감사

1 ....

....

2 ....

....

3 ....

....

4 ....

....

5 ....

....

오늘의 153 체크!

| 1 | 하루에 1번 말씀 묵상하기 | 5 | 하루에 5가지 감사제목 적기 | 3 | 하루에 3번 감사 표현하기 |

"우리를 죽이지 못하는 것은 우리를 강하게 만든다."

이 문구를 보다가 요나가 생각났다.

하나님이 요나를 '스올의 뱃속'으로 인도하신 것은

요나를 죽이시려 함이 아니었다.

그렇기 때문에 스올의 뱃속이 요나를 죽이지 못했다.

그리고 그 고난의 스올의 뱃속이 요나를 강하게 만들었다.

살아가다 보면 원치 않는 병을 얻게 되기도 하고,

억장이 무너지는 일을 만나기도 한다.

우리의 삶을, 교회를 흔드는 일들에 분노하기도 하고,

상처를 받을 때도 있지만, 이 한 마디로 다 정리되는 것 같다.

'우리는 이런 일들로 망하지 않는다.

누가 나를 죽일 수 있는가? 누가 나를 망하게 하는가?

내가 나를 망하게 하지 않는 한

우리를 망하게 할 수 있는 사람은 아무도 없다.'

그러니 누가 우리를 괴롭게 하더라도 너무 미워하지 말자.

그 사람은 우리를 죽일 수 없고,

죽일 수 없는 그 사람으로 인해 우리는 강해질 것이다.

71

주는 나의 하나님이시라 내가 주께 감사하리이다
주는 나의 하나님이시라 내가 주를 높이리이다 시 118:28

Date . . .

오늘의 감사

1 ....

....

2 ....

....

3 ....

....

4 ....

....

5 ....

....

오늘의 153 체크!

| 1 | 하루에 1번 말씀 묵상하기 | 5 | 하루에 5가지 감사제목 적기 | 3 | 하루에 3번 감사 표현하기 |

말할 수 없는 그의 은사로 말미암아
하나님께 감사하노라 고후 9:15

72

Date   .   .   .

오늘의 감사

1 ....

   ....

2 ....

   ....

3 ....

   ....

4 ....

   ....

5 ....

   ....

오늘의 153 체크!

하루에 1번 말씀 묵상하기	하루에 5가지 감사제목 적기	하루에 3번 감사 표현하기

73

우리에게는 감사할 근본적인 조건, 즉 예수 그리스도의 십자가가 있다.
그 은혜에 대한 감사를 회복할 때 우리 삶에 능력이 나타난다.

Date . . .

오늘의 감사

1

2

3

4

5

오늘의 153 체크!

1 하루에 1번 말씀 묵상하기   5 하루에 5가지 감사제목 적기   3 하루에 3번 감사 표현하기

감사함으로 그의 문에 들어가며 찬송함으로 그의 궁정에 들어가서
그에게 감사하며 그의 이름을 송축할지어다 시 100:4

74

Date   .   .   .

오늘의 감사

1

2

3

4

5

오늘의 153 체크!

<table>
<tr><td>하루에 1번 말씀 묵상하기</td><td>하루에 5가지 감사제목 적기</td><td>하루에 3번 감사 표현하기</td></tr>
</table>

75

말로 표현되는 감사는 그 감사를 하는 사람에게는 치유의 효과를
주고, 그 감사의 말을 듣는 사람에게는 선한 영향을 준다. 토저

Date   .   .   .

오늘의 감사

1

2

3

4

5

오늘의 153 체크!

	하루에 1번 말씀 묵상하기		하루에 5가지 감사제목 적기		하루에 3번 감사 표현하기
1		5		3	

하나님께 감사하리로다 너희가 본래 죄의 종이더니
너희에게 전하여 준 바 교훈의 본을 마음으로 순종하여 롬 6:17

76

Date   .   .   .

오늘의 감사

1

2

3

4

5

오늘의 153 체크!

| 하루에 1번 말씀 묵상하기 | 하루에 5가지 감사제목 적기 | 하루에 3번 감사 표현하기 |

77

날을 중히 여기는 자도 주를 위하여 중히 여기고
먹는 자도 주를 위하여 먹으니 이는 하나님께 감사함이요 롬 14:6

Date . . .

오늘의 감사

1

2

3

4

5

오늘의 153 체크!

| 1 | 하루에 1번 말씀 묵상하기 | 5 | 하루에 5가지 감사제목 적기 | 3 | 하루에 3번 감사 표현하기 |

헬렌 켈러는 듣지도, 보지도, 말하지도 못 했지만
미국의 〈타임〉지가 선정한
'20세기 가장 영향력 있는 인물 100인'에 들 정도로
멋지고 영향력 있는 삶을 살았다.
장애로 인해 제한된 삶을 살았던 헬렌 켈러가
어떻게 '20세기 가장 영향력 있는 인물 100인'에 선정될 수 있었을까?
이런 궁금함을 가지고 자료를 찾아보다가
헬렌 켈러가 했던 말 한마디에서 그 답을 찾았다.
"나에게는 너무나 많은 것이 주어졌다. 그렇기 때문에
나에게 어떤 것들이 없는지 생각하며 머뭇거릴 시간이 없다."
그토록 여러 장애가 겹쳐 불편한 삶을 살아야 했던 헬렌 켈러가
이토록 영향력 있는 삶을 살 수 있었던 비결이
이 한 마디 속에 고스란히 담겨 있다.

우리는 어떤가? 주신 만 가지를 두고
안 주신 한 가지를 찾아내는 데 선수들 아닌가?
갖지 못한 그 한 가지 때문에 받은 만 가지에 대해
생각할 겨를이 없는 것은 아닌가?
헬렌 켈러와 불평 많은 사람의 차이는
주신 내용물의 차이가 아니다.
그 차이는 감사 태도 여부이다.

오늘의 감사

1

2

3

4

5

오늘의 153 체크!

| 하루에 1번 말씀 묵상하기 | 하루에 5가지 감사제목 적기 | 하루에 3번 감사 표현하기 |

여호와여 이러므로 내가 이방 나라들 중에서 주께 감사하며
주의 이름을 찬송하리이다 시 18:49

79

오늘의 감사

1

2

3

4

5

오늘의 153 체크!

| 1 하루에 1번 말씀 묵상하기 | 5 하루에 5가지 감사제목 적기 | 하루에 3번 감사 표현하기 |

응답하신 기도에 대한 감사는 그냥 할 수 있는 감사다. 그러나 거절하신 것에 대한 감사는 하나님을 신뢰하는 믿음 없이는 불가능하다.

Date   .   .   .

오늘의 감사

1

2

3

4

5

오늘의 153 체크!

| | 하루에 1번 말씀 묵상하기 | | 하루에 5가지 감사제목 적기 | | 하루에 3번 감사 표현하기 |

기도를 계속하고 기도에 감사함으로 깨어 있으라 골 4:2

Date   .   .   .

오늘의 감사

1

2

3

4

5

오늘의 153 체크!

| | 하루에 1번 말씀 묵상하기 | | 하루에 5가지 감사제목 적기 | | 하루에 3번 감사 표현하기 |

82

주의 크고 두려운 이름을 찬송할지니
그는 거룩하심이로다 시 99:3

Date . . .

오늘의 감사

1

2

3

4

5

오늘의 153 체크!

| 하루에 1번 말씀 묵상하기 | 하루에 5가지 감사제목 적기 | 하루에 3번 감사 표현하기 |

집으로 돌아온 탕자가 그의 아버지를 영화롭게 하는 방법은
한탄이 아니라 감사이다. 토저

Date   .   .   .

오늘의 감사

1

2

3

4

5

오늘의 153 체크!

| 1 하루에 1번 말씀 묵상하기 | 5 하루에 5가지 감사제목 적기 | 3 하루에 3번 감사 표현하기 |

84

그러나 자족하는 마음이 있으면 경건은 큰 이익이 되느니라
딤전 6:6

Date   .   .   .

오늘의 감사

1

2

3

4

5

오늘의 153 체크!

| 1 하루에 1번 말씀 묵상하기 | 5 하루에 5가지 감사제목 적기 | 3 하루에 3번 감사 표현하기 |

많은 혜택을 누리며 살면서도
항상 부족함을 느끼는 사람들이 있다.
이런 사람들은 늘 마음에 불만이 있고,
자신은 뭔가 부족하다고 여긴다.
감사가 없는 삶은 이렇게 삭막하다.
이런 사람들을 보면 감사와 환경은
그다지 큰 연관성이 없는 것 같다.

감사는 성향이다. 감사는 태도다.
환경이 좌우하는 것이 아니다.

감사할 수 있는 것도 힘이다.
남을 섬길 수 있는 것이 힘인 것처럼,
감사도 마찬가지다.
감사할 힘이 없으면, 감사를 할 수 없다.

우리가 너희를 위하여 항상 하나님께 감사할지니 이것이 당연함은 너희의 믿음이 더욱 자라고 너희가 다 각기 서로 사랑함이 풍성함이니 살후 1:3

Date   .   .   .

오늘의 감사

1 ....
....

2 ....
....

3 ....
....

4 ....
....

5 ....
....

오늘의 153 체크!

| | 하루에 1번 말씀 묵상하기 | | 하루에 5가지 감사제목 적기 | | 하루에 3번 감사 표현하기 |

오직 산 자 곧 산 자는 오늘 내가 하는 것과 같이 주께 감사하며
주의 신실을 아버지가 그의 자녀에게 알게 하리이다 사 38:19

Date   .   .   .

오늘의 감사

1

2

3

4

5

오늘의 153 체크!

| | 하루에 1번 말씀 묵상하기 | | 하루에 5가지 감사제목 적기 | | 하루에 3번 감사 표현하기 |

87

세상에서 가장 지혜로운 사람은 끊임없이 배우는 사람이고
세상에서 가장 행복한 사람은 감사하며 사는 사람이다. 탈무드

Date   .   .   .

오늘의 감사

1

2

3

4

5

오늘의 153 체크!

| 1 | 하루에 1번 말씀 묵상하기 | 5 | 하루에 5가지 감사제목 적기 | 3 | 하루에 3번 감사 표현하기 |

감사에는 문이 있어서
감사하면 문이 열리고 길이 생긴다.

Date   .   .   .

오늘의 감사

1

2

3

4

5

오늘의 153 체크!

| | 하루에 1번 말씀 묵상하기 | | 하루에 5가지 감사제목 적기 | | 하루에 3번 감사 표현하기 |

89

강한 손과 펴신 팔로 인도하여 내신 이에게 감사하라
그 인자하심이 영원함이로다 시 136:12

Date   .   .   .

오늘의 감사

1

2

3

4

5

오늘의 153 체크!

| 1 | 하루에 1번 말씀 묵상하기 | 5 | 하루에 5가지 감사제목 적기 | 3 | 하루에 3번 감사 표현하기 |

Date   .   .   .

오늘의 감사

1

2

3

4

5

오늘의 153 체크!

| 하루에 1번 말씀 묵상하기 | 하루에 5가지 감사제목 적기 | 하루에 3번 감사 표현하기 |

91

나그네 인생길 가운데 하나님이 나와 함께하심을 느낄 때, 내 형편과 사정을 아시며 내 기도를 듣고 계심을 느낄 때 진정한 감사가 나온다.

Date   .   .   .

오늘의 감사

1

2

3

4

5

오늘의 153 체크!

| 1 | 하루에 1번 말씀 묵상하기 | 5 | 하루에 5가지 감사제목 적기 | 3 | 하루에 3번 감사 표현하기 |

"길가에 장미꽃 감사, 장미꽃 가시 감사."

예쁘게 피어 있는 장미꽃을 보고 하는 감사는
누구나 할 수 있는 감사이다.
그런데 너무 예뻐서 만져보려다가
가시에 찔려 피가 날 때 감사하기는 쉽지 않다.
얕은 감사에 머물러 있는 사람은
도저히 이해할 수 없는 고백이다.
그런 상황에서 깊은 감사의 자리로 들어간 사람은
'아, 이 아름다운 꽃을 피우기 위해 이 가시가 필요했구나.
참 감사하다'라고 생각한다.

우리가 너희 모두로 말미암아 항상 하나님께 감사하며
기도할 때에 너희를 기억함은 살전 1:2

Date · · ·

오늘의 감사

1

2

3

4

5

오늘의 153 체크!

☐ 하루에 1번 말씀 묵상하기   ☐ 하루에 5가지 감사제목 적기   ☐ 하루에 3번 감사 표현하기

주께서 생명의 길을 내게 보이시리니 주의 앞에는 충만한 기쁨이 있고
주의 오른쪽에는 영원한 즐거움이 있나이다 시 16:11

93

Date   .   .   .

오늘의 감사

1

2

3

4

5

오늘의 153 체크!

하루에 1번 말씀 묵상하기   하루에 5가지 감사제목 적기   하루에 3번 감사 표현하기

94

이런 모든 복을 받고도 그분에게 감사하지 않는 사람은
참으로 악한 것이다. 감사하지 않는 것은 아주 무거운 죄이다. 토저

Date . . .

오늘의 감사

1 ....

....

2 ....

....

3 ....

....

4 ....

....

5 ....

....

오늘의 153 체크!

1 하루에 1번 말씀 묵상하기	5 하루에 5가지 감사제목 적기	3 하루에 3번 감사 표현하기

인생의 운전대를 하나님께 온전히 맡겨보라. 전에 없던 희한한 일들이
연속으로 일어나는 것을 경험하게 될 것이다. 그때마다 감사함으로 누리라.

95

Date   .   .   .

오늘의 감사

1

2

3

4

5

오늘의 153 체크!

| 하루에 1번 말씀 묵상하기 | 하루에 5가지 감사제목 적기 | 하루에 3번 감사 표현하기 |

주께서 내게 응답하시고 나의 구원이 되셨으니
내가 주께 감사하리이다 시 118:21

Date   .   .   .

오늘의 감사

1 ....
  ....

2 ....
  ....

3 ....
  ....

4 ....
  ....

5 ....
  ....

오늘의 153 체크!

| 1 ☐ 하루에 1번 말씀 묵상하기 | 5 ☐ 하루에 5가지 감사제목 적기 | 3 ☐ 하루에 3번 감사 표현하기 |

감사 선포는 우리 안에 있는 울분과 분노의 확대 재생산을
막는 능력이다.

97

오늘의 감사

1

2

3

4

5

오늘의 153 체크!

| 하루에 1번 말씀 묵상하기 | 하루에 5가지 감사제목 적기 | 하루에 3번 감사 표현하기 |

98

그리스도의 평강이 너희 마음을 주장하게 하라 너희는 평강을 위하여
한 몸으로 부르심을 받았나니 너희는 또한 감사하는 자가 되라 골 3:15

Date   .   .   .

오늘의 감사

1

2

3

4

5

오늘의 153 체크!

| 1 | 하루에 1번 말씀 묵상하기 | 5 | 하루에 5가지 감사제목 적기 | 3 | 하루에 3번 감사 표현하기 |

내가 제대로 예수를 믿고 변화되고 난 후에
진짜 달라진 것이 있다면 나 자신을 바라보는 눈길이다.
나는 모태신앙임에도 불구하고
제대로 은혜를 받기 전에는 '걸어 다니는 열등감'이었다.
내 삶 자체가 열등감이었다.
열등감을 가질 만한 요소를 많이 가지고 있기도 했다.
그런데 제대로 은혜를 받자 하나님께서 만드신 존재로서의
존귀한 나 자신이 느껴지기 시작했다.
물론 외적으로 보기엔 부족한 것이 많지만,
그럼에도 불구하고 "사람이 무엇이기에
주께서 그를 생각하시며 인자가 무엇이기에
주께서 그를 돌보시나이까"라는 말씀처럼
또 다른 차원으로 나의 존귀함을 볼 수 있게 된 것이다.

99

감사는 아무리 많아도 지나치지 않다.
사랑이나 친절이 아무리 많아도 지나치지 않은 것처럼 말이다. 토저

Date · · ·

오늘의 감사

1

2

3

4

5

오늘의 153 체크!

1 하루에 1번 말씀 묵상하기   5 하루에 5가지 감사제목 적기   3 하루에 3번 감사 표현하기

감사함으로 여호와께 노래하며 수금으로 하나님께 찬양할지어다
시 147:7

Date.   .   .

오늘의 감사

1

2

3

4

5

오늘의 153 체크!

하루에 1번 말씀 묵상하기   하루에 5가지 감사제목 적기   하루에 3번 감사 표현하기

153

설교노트

소망

Date   .   .   .   설교자

설교제목 ....

본   문 ....

키 워 드 ....

....

....

....

....

....

....

....

....

....

....

....

적용

Date   .   .   .   설교자

설교제목 ....

본   문 ....

키 워 드 ....

....

....

....

....

....

....

....

....

....

....

적용

설교제목 ....

본   문 ....

키 워 드 ....

....

....

....

....

....

....

....

....

....

....

....

적용

Date   .   .   .   설교자

설교제목 ....

본　　문 ....

키 워 드 ....

....

....

....

....

....

....

....

....

....

....

....

적용

설교제목 ....

본   문 ....

키 워 드 ....

....

....

....

....

....

....

....

....

....

....

....

....

적용

Date   .   .   .   설교자

설교제목 ....

본   문 ....

키 워 드 ....

....

....

....

....

....

....

....

....

....

....

....

....

적용

Date   .   .   .   설교자

설교제목 ....

본   문 ....

키 워 드 ....

....

....

....

....

....

....

....

....

....

....

....

....

                                                                                        .

적용

Date   .   .   .   설교자

설교제목 ....

본   문 ....

키 워 드 ....

....

....

....

....

....

....

....

....

....

....

....

적용

Date   .   .   .   설교자

설교제목 ....

본　　문 ....

키 워 드 ....

....

....

....

....

....

....

....

....

....

....

....

....

적용

Date   .   .   .   설교자

설교제목 ....

본　　문 ....

키 워 드 ....

....

....

....

....

....

....

....

....

....

....

....

적용

Date   .   .   .   설교자

설교제목 ....

본   문 ....

키 워 드 ....

적용

Date   .   .   .   설교자

설교제목 ....

본   문 ....

키 워 드 ....

....

....

....

....

....

....

....

....

....

....

....

....

적용

설교제목 ....

본   문 ....

키 워 드 ....

....

....

....

....

....

....

....

....

....

....

....

....

적용

Date   .   .   .   설교자

설교제목　..

본　　문　..

키 워 드　..

....

....

....

....

....

....

....

....

....

....

....

적용

너는 여호와를 기다릴지어다 강하고 담대하며 여호와를 기다릴지어다 시 27:14

설교제목 ....

본　　문 ....

키 워 드 ....

....

....

....

....

....

....

....

....

....

....

....

적용

Date   .   .   .   설교자

설교제목 ....

본   문 ....

키 워 드 ....

....

....

....

....

....

....

....

....

....

....

....

....

적용

Date   .   .   .   설교자

설교제목 ....

본　　문 ....

키 워 드 ....

....

....

....

....

....

....

....

....

....

....

....

....

적용

Date   .   .   .   설교자

설교제목 ....

본   문 ....

키 워 드 ....

....

....

....

....

....

....

....

....

....

....

....

....

적용

153 감사노트 - 소망

초판 1쇄 발행	2020년 12월 8일
초판 28쇄 발행	2024년 10월 23일

지은이	이찬수

펴낸이	여진구		
책임편집	이영주		
편집	박소영 최현수 안수경 김도연 김아진 정아혜		
책임디자인	노지현 | 마영애 조은혜		
홍보 · 외서	진효지		
마케팅	김상순 강성민	마케팅지원	최영배 정나영
제작	조영석 허병용	경영지원	김혜경 김경희

303비전성경암송학교 유니게 과정
이슬비전도학교 / 303비전성경암송학교 / 303비전꿈나무장학회

펴낸곳	규장

주소 06770 서울시 서초구 매헌로 16길 20(양재2동) 규장선교센터
전화 02)578-0003   팩스 02)578-7332
이메일 kyujang0691@gmail.com   홈페이지 www.kyujang.com
페이스북 facebook.com/kyujangbook   인스타그램 instagram.com/kyujang_com
카카오스토리 story.kakao.com/kyujangbook
등록일 1978.8.14. 제1-22

ⓒ 저작자와의 협약 아래 인지는 생략되었습니다.
이 출판물은 저작권법에 의해 보호를 받는 저작물이므로 무단 전재와 무단 복제를 할 수 없습니다.

책값 뒤표지에 있습니다.
ISBN 979-11-6504-160-1 04230
     979-11-6504-158-8 (세트)

규 | 장 | 수 | 칙

1. 기도로 기획하고 기도로 제작한다.
2. 오직 그리스도의 성품을 사모하는 독자가 원하고 필요로 하는 책만을 출판한다.
3. 한 활자 한 문장에 온 정성을 쏟는다.
4. 성실과 정확을 생명으로 삼고 일한다.
5. 긍정적이며 적극적인 신앙과 신행일치에의 안내자의 사명을 다한다.
6. 충고와 조언을 항상 감사로 경청한다.
7. 지상목표는 문서선교에 있다.